メディアに操作される
憲法改正国民投票

本間 龍

本文イラスト 日高眞澄

岩波ブックレット No. 972

はじめに

二〇一七年五月三日に自民党の安倍晋三首相が「二〇二〇年までの憲法改正」を言い出して以来、にわかに憲法改正国民投票の実施可能性が高まってきた。安倍首相はこれまでの与野党協調路線による憲法審査会の審議にしびれを切らし、国会発議に必要な衆参両議院の三分の二議席があるうちに国民投票を実施したいとの意欲をむき出しにしたのだ。その後、度重なるスキャンダルと一七年七月に実施された東京都議選の敗北でボルテージはやや下がったものの、自らの手で改憲を成し遂げたいという強い思いは変わっていない。

だが、現行の国民投票法には、非常に大きな欠陥がある。投票運動期間(通常選挙で言えば、選挙期間)中のメディアにおける広告規制がほぼ存在しないのだ。つまりひと言で言えば、資金がある政党や企業が、莫大な予算を投入して大広告宣伝戦を有利に展開できるということだ。

これを現在の状況に当てはめると、改憲派の中心である与党自民党は、豊富な政党助成金に加えて日本経済団体連合会(経団連)や改憲支持団体などからの莫大な寄付金をいくらでも広告に投入できるのに対し、護憲派を構成する野党は資金量の面で圧倒的に見劣りする。すると、事実上は改憲派の広告ばかりが目立ち、護憲派の広告はほとんど見られない、という状況が現出するのだ。

さらに、改憲派の広告宣伝を一手に担うのが、日本最大の広告代理店、電通であるという点も改憲派絶対有利の予測根拠である。電通は日本の広告業界における圧倒的ナンバーワン企業であり、特にテレビメディアにおけるシェアが三五％（二〇一七年電通発表）と寡占に近い市場支配力をもっていて、その影響力は想像を絶するものがある。本書ではその点についても詳しく解説する。

ちなみに本書における問題提起は、改憲派のトップが安倍首相であろうとなかろうと、まったく関係ない。問題なのは国民投票法のシステム的な欠陥であり、現行法のままでは、改憲派のトップが誰であろうと有利な構造は変わらないからだ。つまり、国民投票の実施がいつであっても、そのときに備えて法改正を行い問題点を解消するか、あるいは日本民間放送連盟（民放連）や日本新聞協会などのメディア団体が細かな自主規制を設定する必要性があるのだ。

この本は、現状における国民投票法の問題点をできるだけ簡潔にまとめたものだ。したがって改憲派・護憲派の憲法論には一切言及しない。国民投票という国民の意思を問うシステムが抱える問題点を具体的に列挙し、公正な投票が行えるよう、その改善方法を提案する。

二〇一七年八月　本間　龍

第1章　国民投票法の概要と広告の役割

国民投票とは何か

国民投票とは、国民が投票によって主権者としての意思を政治に直接反映させる制度だ。諸外国ではさまざまな議題について頻繁に国民投票が行われているが、日本では憲法改正のための手続きという非常に重い役目を担っている。つまり単なる国民投票ではなく、憲法改正国民投票と呼ぶ方がその目的に合っている。

日本における国民投票法は二〇〇七年、当時与党であった自民党はじめ民主党(当時)や社民党、共産党など野党各党の合意により成立した。各党から選抜された議員団は国民投票における先進地である欧州各国を歴訪し、その仕組みや理念について研究、関係機関の責任者たちから説明を聞き、法案作成の参考とした。

この国民投票法の特徴は、ひと言で言えば非常に自由度が高いということだ。公職選挙法のような細かな規定がないため、改憲賛成・反対の両派はいつでもどこでも、また何時まででも投票運動をすることが可能だ。さらに資金や寄付金の規制もないため、いくらでも資金を集めることができ、その詳細の報告義務もない。そして投票運動の中核になる広告宣伝活動にも、投票日二週間前からのテレビＣＭ放映禁止以外は規制が何もない。

まさに「自由な投票活動」を最重要視して作られた法律であったのだが、その結果、公平・公正であるべき投票運動が、青天井とも言える広告宣伝費の投入によって歪められる危険性が大きくなってしまった。本書ではその内容を詳細に解説する。

国民投票法の概要

それではここで、国民投票法の概要を簡潔に解説しておこう。同法の正式名称は「日本国憲法の改正手続に関する法律」で、二〇〇七(平成一九)年五月一八日に制定され、三年後の二〇一〇年五月一八日に施行された。

日本国憲法の第九六条で規定されるように、憲法の改正は衆参両院における総議員の三分の二以上の賛成で発議され、国民投票において過半数の賛成を得なければならない。同法の概要は概ね以下のようになっている。

① 日本における国民投票法は、他国における一般的な国民投票とは異なり、憲法改正に限定されている。

② 投票年齢は満一八歳以上とする。ただし、公職選挙法等の改正により国政選挙に参加する年齢が満一八歳以上に改められるまでの間は、満二〇歳以上の者としている(一八年六月に一八歳以上に改正予定)。

③ 国会発議後に衆参院各一〇人ずつで構成する「国民投票広報協議会」を設置し、改正案とその要旨の周知、国民投票公報の原稿の作成などを行い、国民投票の広報を担当させる。

④　投票一四日前からの投票運動テレビＣＭの禁止。

⑤　憲法改正案に賛成の場合は投票用紙に印刷された賛成の文字に○を、反対する場合は反対の文字に○をつける。

⑥　公務員等および教育者の地位利用による国民投票運動の禁止。

などで構成されている。ご覧のとおり、投票運動（選挙活動）における規制がテレビＣＭ以外になく、選挙運動の手段や予算、時間等を細かく規定している公職選挙法に比べ、非常に自由度の高い設計となっている。

指摘されている諸問題と私の意見

実は私も、二〇一六年九月、「国民投票のルール改善を考え求める会」を主宰するジャーナリストの今井一《はじめ》氏に声をかけられるまで、この法律に関しては存在を知っている程度で、衆参の選挙と同じようなものだろうという認識しかなかった。

同会はそれまで何回か会合を開き、広告規制の緩さが問題だという共通認識はあっても、広告業界の専門家がメンバーにいなかったため、その具体的な問題点を詰め切れずにいた。そこに私が加わり第2章で紹介する個別の問題点を指摘し、その重大性に鑑み、国民投票法の修正を各方面に働きかけていくこととなった。

今井氏から会への参加要請を受けて初めて国民投票法の成立過程と法の中身を知ったのだが、広告宣伝戦略が勝敗を決める最も大きな要因となるのに、肝心の広告を規制する条項がほとんどないことに非常に驚いた。これでは改憲派の広告宣伝を担当する電通の独壇場となり、大量の浮動票が改憲派に取り込まれる可能性が非常に大きい。そうなれば国民投票における公平性も崩れてしまうから、これはなんとしても広告規制、あるいは制度の改正が必要と考えるようになった。もちろん、なんでも規制すればいいというものではない。この場合の規制とは、資金量の差で最初から一方が圧倒的に有利になることを防ごうとするもので、「制度設計の修正」というほうが正しいかもしれない。

ちなみに、現行法に関しては、

- 外国(人)からの寄付金に対する規制や制限がない。
- 公務員と教職者の投票運動に対する規制が厳しすぎる。
- 周知期間、運動期間が短すぎる。
- 最低投票率が規定されていない。

などの反対意見も寄せられているが、現在のところ具体的に修正する動きにはなっていない。

広告が国民投票の勝敗を決定する

それでは、なぜ国民投票の結果が広告によって左右されるのか。それは、国民投票の中身が通常の選挙とまったく異なるからである。

通常の選挙とは、参議院の全国区を除いて「候補者を選ぶ選挙」である。もちろんその候補者が所属する政党も選択の重要ファクターになるが、候補者の性別・年齢・主張・知名度など、投票に関する属人的な要素も非常に大きい。

ところが、国民投票で選択対象となるのは候補者ではなく、「改憲か否かの主張」である。有権者は賛成・反対両派の主張を読み、または聞いて、判断しなければならない。

そうなると、その判断を下すための「判断材料」の質と量が重要になってくる。そして多くの国民にあまねく「判断材料」である両派の主張を届ける手段が、現状では「広告」ということになるのだ。

もちろん国民投票においても、中央選挙管理会などに相当する「国民投票広報協議会」が実施する「国民投票公報」はある。通常選挙における選挙管理委員会が実施する選挙日程の告知や候補者の紹介などと同じもので、改憲賛成・反対両派の意見を併記し、国民投票実施日などを周知する。しかし、紙面や回数が限られるから、有権者は他の情報源も探そうとするだろう。それを

届けるのが「広告」なのだ。これには、

- 戸別に配布されるチラシ類・ミニコミ誌
- 新聞
- 雑誌
- テレビ
- ラジオ
- 交通広告
- 看板
- インターネット

などさまざまな種類があり、現状では出稿のための予算上限がないため、熾烈な広告合戦が繰り広げられるだろう。この「国民投票広告」には大きく分けて、

A　国民投票での賛成・反対どちらかへの投票を呼びかける内容の「国民投票運動広告」

（例）○月○日の国民投票では是非「賛成（反対）」に清き一票を！

B　個人または企業、団体が意見表明する内容の「意見広告」

（例）私（または私たち）は反対（賛成）します

の二種類がある。

「国民投票運動広告」はテレビCMが投票日の二週間前から放映禁止となる(国民投票法第一〇五条)が、「意見広告」に関する禁止条項はなく、投票日当日まで放映してよいから、事実上野放し状態と言える。つまり問題は、この最低六〇日間以上の長期にわたりあらゆる手段で有権者の下に届けられる広告は、予算がある方が絶対的に有利ということだ。予算がなければ前記の各種広告を打つことはできないから、耳目に入るのは「予算がある方」の主張だけになってしまうのだ。

資金面では改憲派が圧倒的に有利

そして現状では、改憲派のみがその圧倒的予算を握っていると考えられる。それは、改憲派の中心が自民党であり、現状では政党交付金(議席数に応じて配分される)をいちばん多く受け取れるからだ（二〇一六年度は約一七四億円）。また、企業献金の九割は自民党に集中している（二〇一五年度は約二二億円）。そして一五年度の総収入額でも約二五七億円と他の政党を圧倒している。さらに、改憲派には神社本庁や日本会議など、改憲のためには労力もカネも惜しまない強力な支援団体があり、それらの寄付に対して現行法は何ら制限を規定していないので、事実上青天井の寄付金を集めることが可能なのだ。

これに対し護憲派は、中心となる政党も決まっておらず、大きな支援母体もない。野党第一党の民進党の最大支援母体は連合だが、国民投票で資金的な支援をするかはっきりしていない。護憲派は小さな団体が多く、集金力では神社本庁や日本会議などとは比べものにならない。

また、自民党は改憲派の中心として強力な支援団体からすぐにでも寄付金を集めることができるのに対し、護憲派は集金母体も決まっていないのでまずその調整から始めなければならない。そしておそらくは護憲派団体や個人からのカンパを集めて資金とする形となるから、まとまった金額を集めるだけでも相当な時間がかかるだろう。このように、資金面ではすでに圧倒的な差が生じていると考えられる。

「自由」すぎるから問題がある構造

二〇〇七年に成立した国民投票法の特徴は、極めて自由度の高い設計になっていることだ。衆参議員選挙などを縛る公職選挙法とも異なり、国民が大いに議論し、その賛否に積極的に関われるようになっている。

しかし残念ながら、その高い自由度が青天井の広告宣伝費の投入を可能とし、資金をもっている方が圧倒的に有利な状況を現出させることになっている。ここで重要なのは、広告宣伝のテクニックで国民の意識をある程度変えることが可能だということだ。私たちは、その事例を身近に体験している。

二〇一一年三月一一日の東京電力福島第一原発の事故発生以前、日本の主要メディアのほとんどが、原発の危険性や脆弱性について報道していなかった。年間三〇〇億円を超える東電の広告や経産省などによる原発広告がメディアにばらまかれ、それらの広告費欲しさにメディアは原発に対する批判を自主規制し、原発立地県のローカル新聞社は、原発翼賛記事さえ掲載していた。それにより、多くの国民が国の原発政策を容認していた。「原発プロパガンダ」がメディアの原発監視を無力化していたのだ。

その証拠の一つとして、二〇一〇年の内閣府調査では、実に七割以上が原発政策を支持すると答えていた。原発翼賛ＣＭが毎日のように流され、新聞や雑誌にも繰り返し原発見学などの肯定的な記事が載るのに対し、批判する意見がまったく載らなければ、次第に国民も一方的な報道や広告に疑問を持たなくなっていく。これこそ「カネの力」による報道の制圧であり、それによって国民のマインドコントロールが達成されていった「プロパガンダ」の非常に分かりやすい例である（詳細は拙著『原発プロパガンダ』を参照されたい）。

「プロパガンダ」などと聞くと大仰に聞こえるかもしれないが、そもそも広告とは特定の商品の購買を促すプロパガンダであり、現代の私たちは、毎日大量の広告の中に身を置いている。広告は個人の意識に働きかけ、その結果私たちは無意識に、だが確実に誘導されて日々さまざまな商品を購入している。そして現代では、そのマーケティング技術は日々進化している。

そして、本書で取り上げる国民投票でも、そのマーケティング技術を駆使した「誘導」が発生する可能性がある。原発プロパガンダと同様に、一方からの圧倒的な量の広告宣伝攻勢にさらされたとき、多くの人はそれを不思議とは思わず、無意識に洗脳される恐れがあるのだ。ある意見に対し反対意見がまったく見えなければ、そもそも反対しようとも思わない人がいても不思議ではない。

国民投票運動にかかる費用はどれくらいなのか

それでは、この国民投票運動にいったいどの程度の広告費がかかるのか。

予算の一つの目安としてあるのは、衆参議員選挙などの場合、与野党合わせて一〇〇億円程度という数字だが、これとて約二週間の選挙期間中にかかる費用なので、投票運動期間が最低六〇日、最高一八〇日という国民投票とでは比較にもならないだろう。自民党の二〇一五年度の総収入が二五〇億円程度であったことを考えると、乾坤一擲《けんこんいってき》の国民投票にその八割程度をつぎ込み、さらに各種団体からの寄付金や銀行からの借金なども合わせれば、改憲派は少なくとも三〇〇～四〇〇億円程度の予算を確保できるのではないか。もし投票運動期間が最短の六〇日間なら、それだけあれば相当な広告宣伝戦を展開できる金額だ。

ちなみに公職選挙法では、候補者は公選ハガキ郵送費・ポスター印刷費、看板制作費・選挙カーレンタル費・ガソリン代などの他に、テレビでの政見放送と、五回までの新聞広告を掲載できる。これらは「選挙公営」と呼ばれ、全額税金で負担される。これらは広告費とは別で、毎回およそ四〇〇億円程度と言われている。国民投票ではこれらの費用が税金ではなく、両派・政党の政党助成金や各々の資金、そして寄付金で賄われることになる。

また、衆参議員選挙などの場合、選挙公営とは別に、総務省(選挙管理委員会)が投票を呼びかける選挙広報の広告予算が五億円程度ある。国民投票の場合、「国民投票広報協議会」が国民投票公報や広報放送、広報広告を行うが、その規模や金額は決まっていない。

見えない数字――ローカル(地方)における広告予算

衆参の選挙広告は、主に政党が東京キー局(テレビ)と全国紙(新聞)に出稿する政党広告と、各地の政党支部や候補者が独自で出稿するローカル広告に大別される。さらに現在はそれ以外にインターネット広告がある。

これに対して、国民投票で争われるのは、発議された事案に対する賛成または反対だけであるから、候補者による広告はない。その代わり、賛成・反対各陣営に属する政党支部や団体が資金を集め、全国紙やテレビキー局、そしてローカルメディアに広告発注を行う。その予算規模がどの程度になるか、特にローカルにおいては現時点でまったく予想できない。

というのも、現行法では個人や団体からの寄付金額に上限がないからだ。ある地方の富豪や、地場有力企業が数億円単位で寄付し、それがそっくり広告宣伝に注ぎ込まれる可能性もある。地域の特性もあり、簡単に予想はできない。つまり通常選挙での経験値では予測がつかない金額が発生する可能性があるのだ。

とはいえ、その地域で何十年も政治活動をしてきた政党や関係者なら、どこを押せばどれくらいの金額が出るか、ある程度想像できるはずだ。だから当然、いよいよ本番となれば四七都道府県でそうした「計算」が始まる。そしてその計算によって、地域別にどの程度の広告を投下するか、どのメディアに投下するかを立案する。県によって保守層の強いところ、弱いところがあるから、それを綿密に検証しながら広告投下計画を立案する。

こうした作業は、メディアの特性や価格、過去の視聴率などのデータを蓄積している大手広告代理店にしかできない。しかもその分析から実際の広告発注までには相当な時間がかかるから、ここでも電通を擁する改憲派は圧倒的に有利となる。

国民投票はメディアにとって一〇〇年に一度の大特需

ここまで説明したとおり、もしいま国民投票が現行法のままで実施されれば、日本国民がこれまで体験したことのない大規模な広告宣伝合戦が全国で繰り広げられる可能性が非常に高い。そしてそれは、あらゆるメディアにとって利益確保の大チャンスである。

それは衆参議員選挙などよりも投票期間が長く、かつ通常選挙における公職選挙法のような細かな規定がないため、考えられるあらゆる宣伝手法を総動員することになるからだ。衆参選挙は四～六年に一回は必ず発生するからスケジュール上に存在しているが、国民投票は安倍首相のひと声でいきなり政治日程に躍り出た。

つまりこれは、あらゆるメディアにとってまさに寝耳に水の大特需となる可能性が高いのだ。本来であれば、国民投票の最初の一回目は「お試し」として、制度の不備をチェックする意味でも、あまり国論が二分されないような題材を国民投票にかけるという選択肢も議題に上ってはいた。

しかし、国会発議に衆参の三分の二以上の賛成が必要という厳しい条件があるため、安倍政権はいきなり憲法九条の改正という「本丸」を問う腹づもりらしい。そうなると失敗(負け)は絶対に許されないから、持てる力(資金)のすべてを結集しての大プロパガンダ戦略を展開するだろう。

そうなると喜ぶのはメディアだ。

テレビ・ラジオは、特にスポットCM(一五秒)を中心にタイムCM(三〇秒)の販売に拍車がかかるし、ＢＳやＣＳにも買い切り番組の恩恵が広がるだろう。また、討論番組や検証番組などさまざまな番組のセールスにも熱が入るだろう。

新聞は全国紙・地方紙を問わず一五段（一ページ）～三〇段（見開き二ページ）の意見広告が氾濫し、特に購読率が上がる週末は、土曜は改憲派の買い切り、日曜は護憲派の買い切りなど、限られた広告枠の争奪戦になる可能性がある。これは雑誌も同じで、今週は改憲派の広告特集、来週は護憲派の広告特集となっても不思議ではない。また、投票日が近づけば、号外や国民投票特集の別刷りも出てくるだろう。そうした本紙以外の発行はすべて臨時収入となるのだから、新聞・雑誌も販促に熱が入る。

つまりはっきり言えば、日頃から自らを左右どちらかのオピニオンメディアと規定しているメディア以外は、国民投票とは広告掲載が一気に増える千載一遇の機会である。メディアはとにかく広告さえ出してもらえればよいので、賛成・反対両派に広告出稿を働きかけるだろう。

公正を担保する監視機関の必要性

これまで見てきたように、現行法を修正して広告を規制しないかぎり、改憲賛成・反対両派による熾烈な広告宣伝合戦が勃発するだろう。その大半は資金力に勝る改憲派によるものだろうが、当然護憲派も巻き返しに必死になる。

そうなると、このままでは双方がノーガードで広告を打ち合い、嘘か本当か分からないような内容の広告や、質の悪いニュース（フェイクニュース）が氾濫する恐れが非常に高い。現行法ではそれらを検証する第三者機関がなく、掲載元となるメディア側の内容審査が甘ければ、そのような情報がどんどん発信されることになるからだ。そして一円でも広告費が欲しいメディア側の審査は、限りなく甘くなることが予想される。だが、それらをそのまま放置すると、無益な誹謗中傷合戦に発展し、国民投票が目標とする「国民の熟議」が損なわれる恐れがある。

そうした悪しき事態を防止するためには、通常選挙における選挙管理委員会や番組の公平性を審査するＢＰＯ（放送倫理・番組向上機構）に匹敵する強力な第三者機関、たとえば「国民投票メディア監視委員会」（仮称）のような組織の設置が必要だと考える。これはフランスに例があり、国民投票の際には必ず設置され、賛成・反対双方の広告宣伝の内容をチェックし、問題があればその是正を勧告している。

このような組織の必要性を説くと、表現の自由を阻害するという意見が必ず出てくるが、それは違う。国論を二分するような重要な投票であるからこそ、そこには嘘やデマ、誹謗中傷が安易に入り込まないような公平性と真実性が担保されなければならない。公平性や真実性の基準が地域性によって歪むことを避けるためにも、そうした検証機関の存在は必要だと考える。

第2章　現行国民投票法の問題点「広告は無制限」の危険性

前章で解説したように、現行の国民投票法では賛成・反対両派による猛烈な宣伝合戦が予想されるが、そこでは予算で上回る改憲派が絶対的に有利な状況にある。ここではその主な要因を三つに分けて解説しよう。

Ａ　改憲派は運動の中心が定まっており、国民投票のスケジュールを自在に管理できる。
Ｂ　改憲派は巨額の資金を有し、調達できる。
Ｃ　改憲派の広告宣伝を担当するのは電通である。

Ａ　改憲派は国民投票のスケジュールを自在に管理できる

改憲派の中心が自民党であることは二〇一七年の現段階で明らかである。改憲派は政権与党である自民党を中心に結束して宣伝戦略を実行し、最初から電通が担当することが決まっている。これに対し護憲派はバラバラで、運動の中心すら決まっていないから、宣伝戦略など立てようもない。

また、改憲派は自らが国会発議を提案する立場であるため、そのスケジュールを想定して予め十分な準備ができるのに対し、現状の護憲派はあくまで発議阻止が大前提のため、すべてが受け

身となる。

つまり、改憲派は発議を提案する国会の開会時にはおよその日程を想定し、それに基づいて国民投票運動(広報宣伝)戦略を立てられるのに対し、護憲派は国会発議を止めることに全力を費やし、発議後にようやく広告宣伝作業に着手することになる。この初動の差はとてつもなく大きい。

広告宣伝とは、

(1)広告制作
(2)制作した広告を放映・掲載するための広告枠の確保

の両輪が回って初めて可能となる。

CMや新聞雑誌に掲載する広告のビジュアル(デザイン)やコピー(セリフや文章)の制作をしつつ、それらを掲載するための広告枠確保を行わなければ、せっかく作った広告も人の目に届かない。この広告制作には通常、最

低でも一～二カ月を要するし、広告枠の確保は三カ月ほど前から行う。もし国民投票が年末などの繁忙期に重なると、それだけでCM枠の確保は難しくなるし、価格もつり上がる。そうした制作や広告枠の購買業務をできるのは広告代理店だけであり、オーダーが早ければ早いほど有利に立てる。つまり、予めスケジュールを立てられる改憲派が絶対的に有利な立場に立てるのだ。

B　改憲派は巨額の資金を用意する力がある

改憲派は自民党の豊富な政党助成金、さらに経団連を中心とした大企業や個人からの献金を短時間で集めて広告宣伝に使える。その場合の集金母体は当然、自民党または自民党が中心となって作る改憲派団体となるだろう。

重要なのは政権与党が改憲派であることで、もともと思想的に改憲に積極的な層や集団以外にも、与党に与《くみ》することが後々得になると考える企業や個人は、こぞって資金を拠出するだろう。そして、現行法には、寄付の上限金額に対する制限がないので、いわば青天井状態で寄付を集めることが可能なのだ。

これに対し護憲派は、護憲各党の政党助成金だけでは格段に見劣りするため、国民からカンパを募る方式が中心となると思われる。だが改憲派イコール自民党のようにその集金母体も決まっていないため、まずどこが中心となるかで調整に時間を要し、さらにカンパが集まるのにも時間がかかるだろう。また、与党に反旗を翻すことをためらう個人事業主や企業が多いと考えられ、集まる金額も改憲派とは桁が違うことが予想される。

さらに、宣伝の窓口となる広告代理店と掲出先のメディアは支払い能力の有無を厳しく査定してから広告を受注するので、政党以外の宣伝主体ではそもそも広告を受け付けてもらえない可能性が高い。つまり、広告を発注する段階でも大きなタイムラグが生じるのだ。

C　改憲派の広告宣伝を担当するのは電通である

そして実は前二項よりも、日本最大の広告代理店である電通が改憲派の宣伝広告を担当するということこそが、国民投票の勝敗を左右する最も大きな要因となる。

電通は日本最大の広告代理店であり、すべての媒体において他社より優先的に購入できる広告枠を有している。また、日本のメディアの中でいちばん取引金額が大きいテレビ業界でのシェアが約三五％と断トツに高く、非常に大きな影響力をもっている。そして電通は戦後一貫して自民党の広告宣伝を担当しているので、国民投票においても自民党を中心とする改憲派の広告宣伝を担当することはほぼ間違いない。社としての電通が改憲派である訳ではないが、その力をもってすれば、以下のようなことが可能である。

①　改憲派は電通を通じて発議までのスケジュールを想定して広告発注を行い、テレビＣＭのゴールデンタイムをはじめ、あらゆる広告媒体(新聞・雑誌・ラジオ・インターネット・交通広告等)の優良枠を事前に押さえることができる。その際、電通は「自動車」「家電」などのダミーネームで広告枠を押さえるため、護憲派はそれを察知できない。発注が遅れた護憲派のＣＭや広告は、視聴率などが低い「売れ残り枠」を埋めるだけになる可能性が非常に高い。

②　もし投票日が発議後六〇日後の最も短い期間になった場合、改憲派は事前準備して発議後翌日から広告宣伝をフル回転(広告を放映・掲載)できるのに対し、護憲派がテレビＣＭなどを放映開始できるのは(制作日数を考慮すると)どんなに早くても二〜三週間後となり、その間は改憲派の広告ばかりが放送・掲出されることになる。

この初動の差を埋めるのは至難である。さらに週刊誌や月刊誌などへの広告掲載はすでに優良枠を買い占められて、ほとんど何も掲載できないまま投票日を迎える可能性すらある。

③　当然、改憲派は雑誌関係でも国会発議予定日に照準を合わせ、「国民投票特集」のような雑誌別冊本、ムック本・新書・単行本の企画・発売を計画できるが、護憲派にそんな時間的

余裕はなく、国会発議のタイミングでの書店店頭は、改憲派関連書籍によって占拠される可能性がある。

④ 改憲派は豊富な資金に物を言わせて大量のタレントを動員し、出演者が毎日変わる「日替わりCM」も制作可能。老若男女に人気の高いタレントや著名人をそれぞれの年齢別ターゲット層に合わせて出演させ、若い層には「改憲YES!」、高年齢層には「改憲、考えてみませんか」などと異なるアプローチで毎日語りかける演出ができる。

⑤ 改憲派は国会発議のスケジュールに合わせて自前の番組枠を持つことも可能だ。MXテレビの「ニュース女子」のように、スポンサーが資金を出して制作プロダクションに番組を作らせ、テレビ局に持ち込む方式にすればよい。国会発議後、民放深夜枠やBS・CS放送の時間枠を買い切れば十分可能である。

⑥ インターネットにおいても、改憲派は早くから主要ポータルサイトの広告欄をすべて押さえ、さまざまな種類の広告を展開できる。また、あらゆるSNSや買い物サイトにおいても、個人の性別や年齢に最も適した内容の広告を準備し、発議直後から展開できる。これに対し護憲派は発議以降に各種サイトの広告枠を購入しようとしても、人気のある枠はすべて買い占められていて出稿できないことも考えられる。

⑦　国民投票法には、公職選挙法のような「事前運動」の禁止規定がない。国会発議以前から改憲賛成を意図する広告を流しても、法的にはなんら問題がない。つまり、国民投票発議を話し合う国会が召集された頃から広告宣伝を展開しても、法的にはなんら問題がない。

二〇一七年七月現在、自民党は秋の臨時国会に改憲案を提出し、一八年の通常国会で発議（六月頃？）というスケジュールを検討しているとの報道がある。そうなると、さすがに大規模な

ＣＭ展開は予算上難しいとしても、③のような新聞・雑誌上でのタイアップ記事や書籍の発売を通じ、ゆっくりと改憲派の主張を世に押し出していく可能性がある。

いかがだろうか。もしこれがすべて実行されたら、護憲派の主張などほんのわずかしか世に流れないのでは、と思えるほどの圧倒的な差ではないだろうか。だがここに書いたことは電通にとって朝飯前であり、すべては初動の差と資金量の差によって決まると言っても過言ではない。例えるなら、ボクシングでスーパーヘビー級チャンピオンとモスキート級のノンランカーを戦わせるくらいの力の差があるのだ。

しかもここまでに披露した予測は、少しでも広告宣伝の実務を知る者にとって、実は特別な話ではない。むしろ、新製品発売キャンペーンなどで広告代理店がいつもやっている日常業務を、国民投票にあてはめて列挙したに過ぎない。

例えば、大手企業の新製品発売キャンペーンは、最低でも三カ月〜半年以上前から周到に準備される。訴求ポイント（製品の特性）を確定し、それに伴い製品のネーミング、ターゲット層の確定、そのターゲット層に有効なメディアへの広告出稿計画やＣＭなどの広告表現案を立案し、何度も修正を加えてベストと思える出来上がりを目指す。そして、その制作業務と平行して広告枠の購入を行う。

全国五大商圏（東京・大阪・名古屋・福岡・札幌）でテレビＣＭを展開し、ある程度の認知率を得るためには、二週間程度、約五億円のスポットＣＭ予算が必要と言われている。つまり、ゴールデンタイムなど視聴率が高い時間帯でテレビＣＭを流すには、最低でもそれくらいの資金が必要なのだ。

　ましてや国民投票は最低で六〇日、最長で一八〇日間の投票運動(選挙運動)期間があるのだから、その間に絶えずCMを流そうとすれば、さらに膨大な資金が必要となる。そうなると政党交付金だけでは足りず、全国の支持者や企業からの寄付がなければ、広告が実施できなくなるのだ。これではいくらなんでもカネがかかりすぎるから、広告費の総額を決めたほうがよい、という意見も出てくる。いくら広告費をかけても、喜ぶのはメディアだけだからだ。

広告資金量の差がテレビ・ラジオ番組に及ぼす悪影響

　前項では、電通の存在がどのようにして改憲派を有利にもっていくことができるかを簡潔に述べた。それだけでも改憲派が絶対有利なことはお分かりいただけたと思うが、ここではさらに、巨額の広告費がメディア各社に及ぼすであろう悪影響を書き出してみよう。

　改憲派と護憲派の広告宣伝費の投下額に大きな差が生じた場合、特にテレビやラジオなどの民放各社は、広告費の多い方に便宜を図る可能性が高い。また、その現場を仕切るのは改憲派の宣伝広告を担当する電通であることも忘れてはならない。具体的には、以下のような印象操作の可能性が生じる。

①　スポットCMへの発注金額に大きな差がある場合、ゴールデンタイムなどの視聴率が高い時間帯に、金額が多い方のCMをより多く流す(ラジオも同様)。

これは通常でも行われている手法だ。当たり前だが、ＣＭ発注金額が一〇〇万円のスポンサーと、一〇〇〇万円のスポンサーは同列に扱われない。一〇〇万円のスポンサーはゴールデンタイムにＣＭが一本しか流れないが、一〇〇〇万円のスポンサーは五本流れるというような事態が発生する。発注額が大きいスポンサーに、より便宜が図られるのだ。

② 同じく発注金額が多く、かつ発注が早ければ、通常はなかなか獲得できないタイム枠（提供枠）のスポンサーになることも可能。

提供枠の売り買いは、通常春と秋の番組改編期に行われる。どの番組のスポンサーが降りる（やめる）のかは秘中の秘で、その番組を担当している広告代理店に新しいスポンサーとの交渉優先権があるから、テレビメディアのシェア一位の電通はここでも有利に立てる。

改憲派は国会発議のスケジュールをコントロールできるから、電通はそれに合わせてゴールデンタイムなど視聴率の高い番組を改憲派スポンサーのために購入することができる。提供スポンサーになれば、その番組内で「改憲ＹＥＳ！」と意思表示するＣＭ（三〇秒）を複数回放映することができる。

③　一見公平に見える討論番組でも、たとえば改憲派は若い評論家や著名人を出席させるのに対し、護憲派は高齢評論家や学者ばかりを揃える、というように、番組制作側による印象操作が可能。また、カメラワークによって映る表情や秒数で差をつけることもできる。

④　ワイドショーなどの紹介でも、放映される時間に差をつける、コメンテーターの論評で差をつける、そもそもコメンテーターも改憲派多数にするなどの操作が可能。

これは別に特別なことではなく、日頃放映されている多くの番組で、日常的に行われている手法である。番組制作側がやりたいようにできるので、検証は困難。しかも現在の放送法では特に「見せ方」に対する規制もない。ＣＭ出稿金額が一方的であれば、カネを出してくれる広告主に便宜を図るのは当然である。

⑤　同様に、夜の報道番組に改憲派のＣＭが多数入れば、それだけでその番組が改憲押しであるように錯覚させることが可能。また、報道内容でも放映に時間差をつけたり、印象を偏らせたりすることが可能。

「報道番組」と名乗っていれば、どちらかに露骨に肩入れすることはできないだろう。しかし、その番組の提供スポンサーとして改憲派（企業）の名前が連呼されれば、視聴者は「そうか、この番組は改憲派寄りなのだな」と錯覚する。そのためにも、番組スポンサーになることは重要なのだ。

このように、もし改憲派と護憲派の広告出稿金額がアンバランスで改憲派のほうが圧倒的な広告料を投入できる場合は、テレビ・ラジオなどの電波メディアは露骨に改憲派の肩をもつ番組制作を行う可能性がある。広告費をより多く出してくれるスポンサーに便宜を図り、さらなる金額の上積みを狙うのは、民間企業として当たり前であるからだ。実際、東京電力福島第一原発事故以前の民放は、多額の広告費を支払ってくれていた電力会社に対し、前述したような忖度を行っていた前科がある。

このような不公平をなくすためにも日本民間放送連盟（民放連）などによる細かな自主規制の設定が必要不可欠だが、国民投票法の施行以来、話し合いは一度も行われていない。

インターネットとテレビの影響度の違い

ここまで、メディアの中でも特にテレビに関する印象操作の可能性について述べてきた。というのも、現在日本において最も影響力のあるメディアはテレビだからだ。

世界的にはインターネットの台頭で、テレビの優位性は崩れつつある。特にアメリカでは、二

○一六年ついにネットの広告売上高がテレビを抜いたとして話題になった。日本でもいずれそうなるだろうが、ここ数年はまだテレビの優位性は揺るがない。その事実を数字で示してみよう。

総務省が行った「情報通信メディアの利用時間と情報行動に関する調査（平成二七年）」によると、二〇一五年の平日一日あたりのテレビのリアルタイム視聴時間は、全年代（一〇〜六〇代）平均で一七四・三分（約三時間）である。これに対し、インターネット利用時間は年々伸びてはいるものの、まだ九〇・四分（約一時間三〇分）でテレビの約半分しかない（次ページ**資料A**）。つまり、ネットの利用時間は確かに伸びてはいるが、テレビを超える状況にはまだなっていないのだ。

もちろん世代による差があることは容易に想像がつくが、一〇代、二〇代まではネットの利用時間がすでにテレビを上回っている。しかし三〇代以降はすべての年代でテレビのほうが長い。そして六〇代になるとテレビの視聴時間二五七・六分（約四時間二〇分）に対し、ネット利用時間はわずか三五・七分しかない。そして律儀に選挙に行くのはこの世代であり、逆に二〇代は全年代で最も投票率が低いのだ。そうなると、広告戦略上どちらを優先すべきか明らかだろう。

他方で、現在は多くの人がビデオで収録したものを見ており、ＣＭは飛ばしてしまうからテレビＣＭ規制は効果がないとする意見もある。これに対しても二〇一五年の同じ調査では、テレビの録画視聴が多い休日でさえ、全年代平均でリアルタイム視聴二三一・二分（約四時間）に対し、録画は三三・九分に過ぎなかった。つまり、世間で言われているほど録画時間は長くはなく、ましてやリアル視聴時間を超えてはいないのだ。

また、同じ調査における「情報源としての重要度」という項目でも、テレビは全年代で非常に

資料A　各年代の主なメディアの平日1日の平均利用時間(総務省「情報通信メディアの利用時間と情報行動に関する調査」，平成27年)

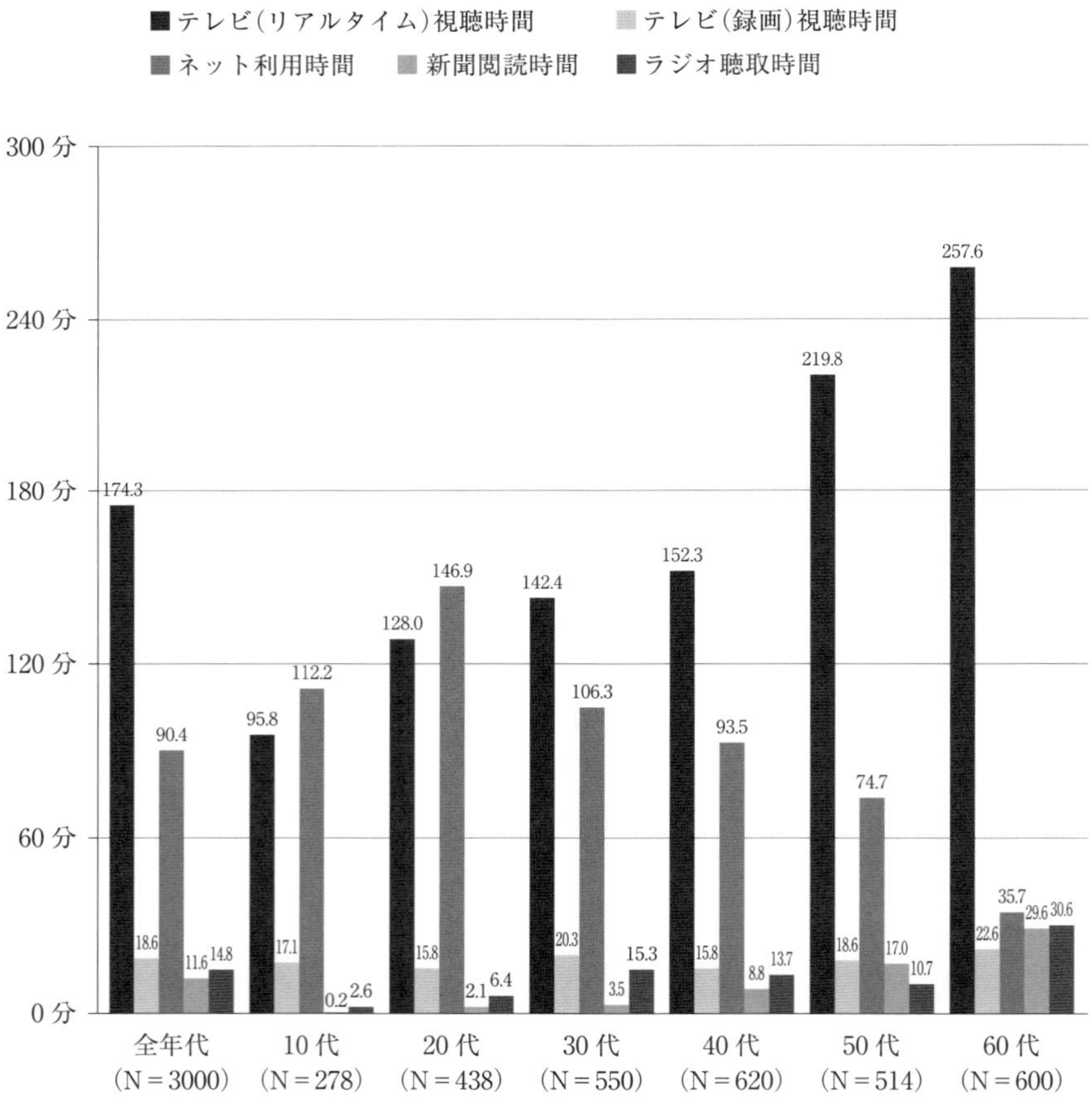

資料B　年代別・インターネット利用／非利用別に見る情報源としての重要度（総務省「情報通信メディアの利用時間と情報行動に関する調査」，平成27年）

		テレビ	新聞	インターネット	雑誌
全年代	全年代（N＝1500）	91.0％	67.7％	69.8％	26.7％
年代別	10代（N＝139）	92.1％	45.3％	82.0％	21.6％
	20代（N＝219）	86.3％	45.7％	87.2％	25.1％
	30代（N＝275）	86.2％	50.2％	80.4％	24.7％
	40代（N＝310）	89.4％	72.3％	76.5％	25.5％
	50代（N＝257）	96.5％	86.8％	63.8％	29.2％
	60代（N＝300）	95.3％	89.3％	40.0％	31.0％
インターネット	利用（N＝1431）	90.6％	66.6％	72.7％	26.8％
	非利用（N＝69）	98.6％	91.3％	10.1％	24.6％

高い数値を示している（**資料B**）。「メディアの信頼度」という項目では新聞に抜かれるが、インターネットの信頼度はさらに低い。

　二〇一八年六月以降は一八歳以上にも国民投票の権利が生じるとはいえ、選挙の投票率が若い世代ほど低く、年齢が上がるほど高くなっていくことを考えると、国民投票におけるテレビの影響力はまだ非常に大きいと言わざるを得ない。だから、広告規制を考えるなら最初に手を付けなければならないのは、やはりテレビメディアということになるのだ。

　そしてもう一点忘れてならな

いのは、テレビとインターネットにおけるＣＭの見え方の違いである。ネットの場合、情報は自ら探しに行くもので、多くのユーザーは自分が興味のある情報しか見ないという特徴がある。ネットの画面を見ていると現れる広告も、実はそのユーザーの嗜好に合わせたものが流れるように設定されている。また、基本的に広告は無音に設定されているから、ユーザーが興味を示したＣＭは自分で音量を調整して見ることが多い。

これに対しテレビは常に音と映像を発し、ユーザーが見ていようがいまいが、さまざまな番組やＣＭを流し続けている。そこで流されるＣＭは回数が多いほど耳に残りやすく、ユーザーは知らず知らずのうちにＣＭの音声や音楽、映像を覚え込まされている。もともとテレビはこうした「ながら視聴」に向いたメディアなのだ。そしてそれこそが選挙ＣＭなどにおけるテレビの優位性である。テレビＣＭ規制は、そうした特徴をよく理解して行う必要性がある。

護憲派広告には、いざとなれば有名人が大挙出演するという幻想

ここまで、さまざまな角度から国民投票における改憲派絶対有利の状況を解説してきた。だがこのような指摘をすると、資金的な尺度はさておいて、護憲派広告にはさまざまな人気俳優や有名人が馳せ参じるであろうから大丈夫だ、という反論も聞こえてくる。曰く、例えば反戦・反原発活動で有名な女優の吉永小百合さんや作曲家の坂本龍一氏、さらにはアニメーション監督の宮崎駿氏などが無償で護憲派の広告に出演したり作品を提供してくれるであろうから、それらを使えばイメージ戦略上でも有利に立てる、という意見だ。

もちろん、彼らのような超有名人が護憲派イメージ戦略の中心になれば心強いのは間違いない。しかし、それが本当にそうなるのかはまだまったく分かっていないのだ。

というのも、憲法改正国民投票において護憲派の側に立つということは、現状では政権与党や経団連などの大手企業の反対側に立つということだ。

これは個人的信条はともかく、タレントや著名人のようにメディアで名を売り、生計を立てている人々には特別な意味を持っている。商売上、政権与党や大手企業と対立し、将来的に仕事が受注できなくなる危険性が生じるからだ。そうなると、個人的には護憲派に与したくとも、事務所の方針で参加できない、意思表明できない人々が続出するだろう。直近では、二〇一六年の東京都知事選に俳優の石田純一氏が一度は立候補を表明しながら、所属事務所の意向で断念した事例が分かりやすい例としてあげられる。海外では有名俳優が政治的発言をするのはごく当たり前だが、日本ではそういう例は極めて少ない。

さらに現実的な問題点をあげると、タレントとの交渉は非常に時間がかかる。ギャラ（国民投票の広告だからノーギャラという決まりはない）、登場する媒体（CMなのかポスターだけなのか）、使用されるカット数、セリフの内容、撮影場所と必要時間など、調整しなければならない事柄は山ほどあって、それらの調整は広告代理店などのプロでなければ難しい。

つまり、ここでも予め計画を立てて国民投票の発議から逆算して出演の交渉スケジュールを組める改憲派と、発議後に動き出そうとする護憲派とでは雲泥の差が生じる。仮に護憲派が国会発議後にさまざまなタレントや有名人に広告の出演交渉を行おうとしても、そのほとんどは事前に改憲派によって押さえられている可能性が非常に高い。電通にとって、あらゆる年代に人気のあるタレントをリストアップし、一斉に出演交渉をすることなど通常業務の延長線上であるから、ここでもその力の差を見せつけられることになるだろう。著名人がこぞって護憲派の広告に出演してくれるはずだ、というのは根拠のない幻想に過ぎない。

第3章　メディア規制の具体案と欧州諸国の規制例

資金量の差を是正するための規制案

以上のように、特に電波メディアにおける広告資金量の差、発注タイミングの差は圧倒的な印象操作を生む危険性がある。これは国民投票が目指す公平で自由な投票を妨げる大問題であり、なんとしても是正しなければならない。

では上記のような状況の発生を防ぐ手だてはあるのか。完璧ではないが、おそらく以下のような規制を設けるしかないだろう。

> A　あらゆる宣伝広告の総発注金額を改憲派・護憲派ともに同金額と規定し、上限を設け国が支給する（キャップ制）。たとえば、予め金額を一団体五億円まで、全体総額で一〇〇億円までなどとし、両陣営ともその金額の範囲内で使用メディアを選定、その内訳を公表する。

これは、国民投票広告費を国が支給し、予めその上限を決めてしまう方式である。最初から広告費の総額を一〇〇億、二〇〇億と決めてしまい、国が支給する方式にすれば、寄付の多寡に左右されることがない。また上限が決まっていれば、国会発議後のスタートダッシュで改憲派の広告だけが氾濫するような事態もなくなる。最初に広告費を使いすぎると、後半で資金不足になる恐れが出てくるからだ。

国の予算で広告をするのかという批判も出るだろうが、もともと国民投票を促す告知CM（通常選挙における投票喚起CM）などは国家予算で賄うのであり、内閣府や官庁関連の広告費は現在でも年間約三〇〇億円にのぼっている。際限ない広告合戦に膨大な資金が投入されるより、双方が同じ金額の範囲内で知恵を絞り、節度のある広告出稿をする方が、国民の理解を得られるのではないだろうか。

B　テレビ・ラジオ・ネットCM（電波媒体）における放送回数を予め規定し、放送時間も同じタイミングで流す。もしくは同じ金額と規定する。

これは、双方の広告費が同額かどうかに関係なく、テレビ（ラジオ）CMの放送回数を同じにして、電波メディアでの公平性を保つやり方だ。

たとえば、あらゆる電波メディアで朝・昼・晩の三回、双方のCMを流す「国民投票CMタイム」を設定する。そこで双方のCMを同じ秒数、同じ回数放映する。これは国民投票におけるスポットCMを禁止している欧州諸国が取り入れている方式でもある（後述）。

もしくは、双方の総放映分数だけを同じとし、その中で流れるCMの秒数については調整可能とする。たとえば五分間という時間の枠だけ双方平等に設定し、その中で流すCMの秒数は問わない方式だ。

C　先行発注による優良枠独占を防ぐため、広告発注のタイミングを同じとする（例：国会発議二週間後、等）。

D　報道内容や報道回数、ワイドショーなどでの放映秒数などで公平性を損なわないよう、民放連に細かな規制を設定させ、違反した場合の罰則も設ける（努力目標では意味なし）。

E　宣伝広告実施団体（政党・企業）の討論・ワイドショー・報道番組等へのスポンサード禁止。

これらは民放連が自主的なルールを決め、運用を厳格に行えば実現可能。ただし、違反番組の通報先等、きちんとした整備が不可欠だ。

F　意見表明ＣＭも投票日二週間前から放送禁止（国民投票法第一〇五条準拠）とする。インターネットのポータルサイトなどでも同様とする。

現行法で禁止されているのは投票参加を促すＣＭだけなので、意見広告も投票日二週間前から放映禁止とする。個人がネットで拡散するのは規制できないが、ポータルサイトなどでの放映は禁止とする。このためには国民投票法の改正が必要になる。

G　いちばん高額であり、視聴者、民放各社にさまざまな影響を及ぼすテレビCMを全面禁止とする。

そもそも広告予算の中でいちばん高価なのはテレビCMであり、これのあるなしで広告費の総額がまったく変わってくる。特に高いのは民放キー局で全国放映されるCMで、ゴールデンタイム(夜七〜一一時)に流れる一五秒CMの単価は一回数百万円もする(単価は放映される番組の視聴率によって変化するので、決まっていない)。これは地方ローカル局の同じ時間に流れるCMの一本数万円〜数十万円とは根本的に異なる価格設定である。

また、新聞においても、全国紙とブロック紙、ローカル紙によって広告価格はまったく違う。たとえば、『朝日』や『読売』などの全国紙で一五段(一ページ)の広告を掲載すれば三〇〇〇万円以上の掲載料が発生するが、ローカル紙の一ページならば二〇〇万円程度である。

その全国紙に何度一五段広告を掲載しても、ゴールデンタイムにバンバンCMを打つのとではまったく広告費が違ってくる。視聴率が高い時間帯にテレビCMを打つのは、それだけで数億円の資金が必要だ。そして、その巨額ゆえにメディアの報道姿勢さえも揺るがしかねないことは、前述したとおりである。

つまりテレビCM(特にスポットCM)こそがいちばん高価でさまざまな悪影響を与える「諸悪の根源」なのだから、いっそのこと全面禁止にした方がスッキリする。ただし、CMという意見表明手段としての存在は残し、改憲・護憲派双方が公平に放送できる場を作る。それをきちんと実行している欧州諸国の例を次項で詳しく説明しよう。

欧州諸国におけるメディア規制

ではここで、国民投票の長い歴史をもつ欧州各国の国民投票におけるメディア規制をみてみよう。ちなみにドイツとアメリカは国民投票を制度化しておらず、従って実施されたこともない。

イタリア

イタリアは過去六〇回以上の国民投票を実施しており、二〇一六年一二月四日に実施された憲法改正国民投票はイタリア議会上院の権限を大幅縮小することの是非を問うたが、投票の結果改正案は否決された。

- テレビスポットＣＭは原則禁止。ローカル局で回数均等の場合のみ許可。
- 国営・民営放送共に、公的に均等配分される広報時間が設けられる。
- テレビ放送関係者に対し、不偏不党を保つ細かな法規定がある。
- 新聞の意見広告についても均等な広告枠確保が義務付けられている。

フランス

フランスは過去に二十数回の国民投票を実施しており、その経験の蓄積でメディアに対する規

制をかけている。

・テレビ・ラジオスポットCMは全面禁止。
・公的に配分される無償広告枠でのCM放映は可能。
・新聞・雑誌等での広告展開に関する規制はなし。
・賛成・反対両派の広報活動を監視する第三者機関が設置される。

イギリス

イギリスは二〇〇〇年に国民投票法を制定。二〇一六年六月二三日に欧州連合(EU)離脱の是非を問う国民投票が実施され、その結果、イギリスの離脱が決定した。

・テレビスポットCMは全面禁止。
・公的に配分されるテレビの広報スペースは無料。
・新聞・雑誌等での広告展開に関する規制はなし。

スペイン

スペインではフランコ独裁時代(一九三九―七五)に国民投票が独裁を正当化する手段として利用された歴史的経験があるため、国民投票の実施は厳しく制限されている。その中で、メディアに対しては以下のような規制がある。

- テレビ、ラジオスポットＣＭは全面禁止。
- 公的に配分されるテレビの広報スペースは無料。
- 新聞・雑誌等での広告展開に関する規制はなし。

デンマーク

デンマークは二〇一五年一二月三日、政府が提案したＥＵとの連携拡大を問う国民投票を実施したが、反対票が五割を超え否決された。

- テレビＣＭは全面禁止。ローカルラジオのみＣＭ許可。
- 新聞・雑誌等での広告展開に関する規制はなし。

国民投票を実施している国は他にも数多くあるが、経済的規模や人口規模の大きい欧州主要国はご覧のように、軒並みテレビＣＭ（とくにスポットＣＭ）を禁止していることが分かる。やはり、映像と音で情緒に訴える力が強いテレビＣＭは、どの国でも国民投票の趣旨にそぐわないことが明らかになっているのだ。

ただし、イタリア・イギリス・フランス・スペインでは、公的に配分される広報時間にＣＭを流すことができる。これは、例えば朝・昼・晩に各五〜一〇分間程度の時間を設定し、その中で賛成・反対派のＣＭを均等に流すという方式だ。合計が一〇分なら、両派は五分ずつＣＭを流すことができる。与えられた時間をどう使うかはそれぞれに任される。一五秒や三〇秒CMの混成でもいいし、一分や三分の長尺CMがあっても構わない。とにかく、放映時間の合計が両派に均等であればよいのだ。

この方式であれば、一方的なスポットCM放映による印象操作の危険性は相当減少する。テレビCM全面禁止(四〇ページのG)が無理なら、次善の策としてこの方式が実現できればよいと考える。すなわち、三八ページのB、たとえば「国民投票CMタイム」のような方式である。

一方、新聞・雑誌広告に関してはイタリアを除いて特段の制限がない。そのため、二〇一六年六月、イギリスのEU離脱を問うた国民投票では、新聞への広告出稿がかなり目立っていたという。ただイギリスの場合、数百万部を発行する日本の全国紙のような新聞は存在せず、数万〜数十万部程度で購読者層が異なる新聞が全国で数十種類発行されている。おのずと一回の掲載料は安く、日本の全国紙のように一回の掲載で数千万円かかるようにはなっていない。だから総広告費も日本に比べると相当抑制されるのだ。

いずれにせよ、欧州の主要国でテレビのスポットCMが軒並み禁止されている事実は、テレビCMという宣伝媒体の怖さを十分に物語っていると思われる。各国がそれぞれの国民投票における歴史の中でテレビCM規制の必要性を感じ、同じように規制の網をかけている意味を、日本でも十分に検討する必要がある。

さらに、今後議論の対象となるのはインターネット上の広告展開だろう。ポータルサイト上のCM放映に規制をかけても、個人がSNSなどでそれらを転用するのは止めようがない。今後、日本でもネットとテレビの逆転が起きる時代がくるから、この分野での規制のあり方を、早くから考えていく必要がある。ヘイトや虚偽発言がネットにあふれることを防ぐためにも、前述した監視・検証機関は必要だろう。

第4章　衆参憲法審査会と民放連への要望

国民投票のルール改善を考え求める会の活動と要望

ここまで、現状の国民投票法におけるさまざまな問題点と解決策を解説してきた。これらの記述はすべて、ジャーナリストの今井一氏が主宰している「国民投票のルール改善を考え求める会」での話し合いを通じて明らかになった事実と、その過程で得た知見をもとに書かれている。

同会は

田島泰彦（法学者。上智大学文学部新聞学科教授）
井上達夫（法哲学者。東京大学大学院教授）
堀　茂樹（フランス文学・哲学研究者。慶應義塾大学名誉教授）
本間　龍（作家。『原発プロパガンダ』『原発広告』の著者）
南部義典（法学者。『超早わかり 国民投票法入門』の著者）
宮本正樹（劇映画『第九条』の監督。脚本家）
今井　一（ジャーナリスト。『「憲法九条」国民投票』の著者）
三宅雪子（元衆議院議員）

などの国民投票法の問題点を憂う学者やジャーナリストによって構成され、二〇一六年から一七年にかけて数回の公開会議を開催、問題点の整理と解決策を模索してきた。

会の中では安倍晋三首相が国会発議に必要な衆参三分の二議席を確保している二〇一八年一二月末（衆院任期）までに国会発議が行われるのではという推測もあったが、一七年五月三日に安倍首相が二〇二〇年までの憲法改正を目標とすると発言したことで、俄然その可能性が現実味を帯びてきた。

そうした情勢の変化もあり、一七年五月三〇日の円卓会議では与野党国会議員の参加も得て、後掲の要望書を衆参憲法審査会長と日本民間放送連盟（民放連）会長宛に提出することとした。この二つは若干内容が異なるので、それぞれについて簡単に解説する。

衆参憲法審査会長への要望内容（※巻末の**参考1**）

衆参両院の憲法審査会長宛の文書では、

一　国民投票運動（国民投票法第一〇〇条の二）のための費用に関して、同法を改正し、一定額以上の支出を行う者の登録、登録をした運動者である旨を表示する義務、収入および支出の報告等に関する規定を設けること。

二　国会が発議した憲法改正案に関する広告放送の条件、新聞広告の掲載条件は、事業者（および広告主との関係）において自主的に定められるものであるところ、憲法改正案に対する賛否で当該条件に不平等が生じることがないよう、各議院の憲法審査会において、一般社団法人日本民間放送連盟、一般社団法人日本新聞協会に対して、各々の検討状況を確認すること。

の二つを要望した。その内容は、

①国民投票運動の費用に関して、一〇〇万円以上の支出は登録義務を負う。
②国民投票運動に関し、外国人・外国法人からの寄付の禁止。
③五億円以上の支出・寄付金の禁止（上限金額の設定）。
④一〇〇万円以上の収入及び支出の報告義務。
⑤民放連・日本新聞協会に対し、広告料金や機会の平等を確保するための自主的な検討を促すこと。

などである。現状では一切ない資金や寄付金の登録・報告義務や上限金額の設定などは、法改正を必要とするとした。資金の登録・報告義務がなければ、国民投票実施後の検証もできないからだ。民放連や新聞協会に対しては法的な強制を課すのではなく、国会招致による確認などによって、自主的活動を促す形式を提案している。

民放連への要望

また民放連に対しては、以下の要望を行った。（※巻末の**参考2**）

> 国会が発議した憲法改正案に関する広告放送（①賛成投票、反対投票を勧誘する表現を含むもの、②賛成、反対の意見表明にとどまるもの、のいずれの形態を含む。）の料金等の条件について、憲法改正案に対する賛成、反対の立場で不平等が生じることがないよう、公平なルールづくりを行うこと。

実は、二〇〇五〜〇七年の国民投票法起草当時、広告料金や放送時間の公平性について明文規定を置くべきではないかという指摘があり、政党間で議論が行われていた。しかし、明文化は政府や国会が放送事業者をはじめとするメディアに対する介入を根拠づける恐れがあるとして見送られ、事業者の自主的取り組みを尊重することになったのだ。

これを受けて民放連は、〇七年の国民投票法成立時に「意見広告の取り扱いについては、放送事業者の自主・自律による取り組みに委ねられるべき」との会長コメントまで出したのだから、規制に対しメディア側の反発や懸念も相当強かったと考えられる。にもかかわらず、以後一〇年間、民放連は自主的な改善策について何も議論してこなかった。

本書をお読みいただいている読者にはすでに自明だが、メディア側が自主規制について議論しないのは、規制によって自らの利益機会が減少することを恐れているからである。民放連にとって、たとえばスポットCMの禁止を自ら提案しては大幅な売り上げ減となるから、そもそも議論などしたくはないのだ。その消極的な姿勢は、国民投票法に関するテレビや新聞の報道にも如実に表れている。これほどの重要な問題を、大手メディア、特にテレビ局はまったく報道していない。新聞でも、メディア規制の必要性を報じた全国紙は朝日、毎日の二紙にとどまっている。

だが、現行法のままでの国民投票実施はあまりにも不公平な要素が強く、法による規制が作られる前に自主的な改善策を議論すべきなのだ。しかし結果的には過去一〇年間、何の動きもしてこなかったので、その無策を批判し、早急に自主的ルールの策定を行うことを要望した。

法によって事業者に対しあれこれ規制するのは、法律を策定する際に決めてしまえばよいのだから、ある意味簡単である。しかしそれでは事業者の自由が損なわれるとして自主的裁量を任されたのだから、特に民放連にはその付託に答える義務がある。

「国民投票のルール改善を考え求める会」は一七年七月一〇日、衆参憲法審査会長と民放連に対しそれぞれ要望書を提出した。柳本卓治・参議院憲法審査会長は「要望は納得できる意見だ」との認識を示し、衆参両院で検討する意向を示した。

だがもちろん、法改正をするためには憲法改正を成し遂げたい与党の賛成も必要であるから、ことはそう簡単ではない。しかし、これは改憲派・護憲派のどちらかに与《くみ》するのではなく、両派に公平な国民投票実施のための要請であり、その公平公正の保証こそが、国民に国民投票制度への信頼感を与えるのではないだろうか。

私たちは今後も、公平な国民投票法のルール作りを目指して主張し、活動を続けていきたい。本書をお読みいただき、一人でも多くの方に協力していただければ幸甚である。

おわりに

国民投票法という法律の話をしているのに、やたらと広告戦略の話ばかり出てきて、面食らった方々もいるかもしれない。国民投票法にはさまざまな問題点が指摘されているが、広告を野放しにしている部分こそが雌雄を決しかねない最大の問題点なので、あえてそこに論点を絞った。

憲法改正国民投票といっても、まだ何のことなのか理解していない国民が圧倒的に多い。そういう制度があることさえ国民に浸透していないのに、急いで二〇一八年中に国民投票を実施する意味などあるだろうか。

私自身は、間接民主制で決め切れない憲法改正という大きな問題について、直接国民に信を問う方式はあってもよいと考えている。しかし、それには守られるべき条件がある。信を問う場が最大限、公平公正であることだ。だが残念ながら現行法ではそうなっていない状況を、本書で解説したつもりだ。

ところで、本書で指摘した電通という日本最大の広告代理店によるメディア各社への優位性は日本独特のものであって、海外では存在し得ない。なぜなら一業種一社制度、媒体と制作業務の切り離しが徹底している海外では、電通のように巨大かつ一社であらゆる広告業務すべてを実行できる企業がないからだ。つまり、国民投票法の広告宣伝を巡る問題は、電通という企業の存在があってのことであり、極めて日本的な問題であると言える。

それゆえにこの問題は、ある程度広告業界に詳しい者なら予見できる内容である。それが国民投票法の成立から一〇年経つのに、今までメディア側からまったく指摘されなかったことこそが、電通に忖度するメディア側の弱腰と、過度な広告収入への依存を如実に示している。

ようするに国民投票法の広告規制問題は、それを顕在化させてしまう日本の広告業界の寡占体制と表裏一体なのだ。もちろん法制度設計時にそれを前提にしたわけではないが、電通というガリバー企業の存在が、国民投票という国家国民の行方を左右することに強く関与している事実は非常に重大だ。電通という超巨大企業が日本に与えているさまざまな影響については、私の他の著作をご覧いただければと思う。

二〇一七年八月現在、四年半以上一強体制を謳歌した安倍内閣も都議選の大惨敗によって揺らいでいる。だが、与党が三分の二議席以上を保持するかぎり、早期の国民投票は理論的に可能である。また、冒頭にも書いたが、誰が首相であっても改憲勢力は存在するのだから、いつかは国民投票を行う可能性がある。

そのためにも、現行法の問題点を広く国民に周知し、早急にその是正に努めるべきだ。そしてそのためには、多くの国民の理解と後押しが必要である。本書がその一助になればと祈念している。

本間 龍

著述家．1962年，東京生まれ．博報堂で18年間，一貫して営業を担当．2006年同社退職．博報堂時代の経験から，原発安全神話を作った広告を調査し原発推進勢力とメディアの癒着を追及．また，東京オリンピックなど様々な角度から大手広告代理店のメディアへの影響力の実態を発信するなど，幅広く活動．主な著書に，『名もなき受刑者たちへ』(宝島社)，『転落の記』(飛鳥新社)，『電通と原発報道』『原発広告』『原発広告と地方紙』(以上，亜紀書房)，『大手広告代理店のすごい舞台裏』(アスペクト)，『原発プロパガンダ』(岩波新書)など．近刊に『電通巨大利権』(サイゾー)．

メディアに操作される憲法改正国民投票　　岩波ブックレット 972

2017年 9月5日　第1刷発行
2018年12月5日　第4刷発行

著　者　本間《ほんま》 龍《りゅう》

発行者　岡本 厚

発行所　株式会社 岩波書店
〒101-8002 東京都千代田区一ツ橋 2-5-5
電話案内 03-5210-4000　営業部 03-5210-4111
http://www.iwanami.co.jp/hensyu/booklet/

印刷・製本　法令印刷　装丁　副田高行　表紙イラスト　藤原ヒロコ

ISBN 978-4-00-270972-7　　Printed in Japan

日本国憲法の改正手続に関する法律(抜粋)

第 1 章　総則

第 1 条(**趣旨**)　この法律は，日本国憲法第 96 条に定める日本国憲法の改正(以下「憲法改正」という．)について，国民の承認に係る投票(以下「国民投票」という．)に関する手続を定めるとともに，あわせて憲法改正の発議に係る手続の整備を行うものとする．

第 2 章　国民投票の実施

第 1 節　総則

第 2 条(**国民投票の期日**)　国民投票は，国会が憲法改正を発議した日(国会法(昭和 22 年法律第 79 号)第 68 条の 5 第 1 項の規定により国会が日本国憲法第 96 条第 1 項に定める日本国憲法の改正の発議をし，国民に提案したものとされる日をいう．第 100 条の 2 において同じ．)から起算して 60 日以後 180 日以内において，国会の議決した期日に行う．

2　内閣は，国会法第65条第1項の規定により国民投票の期日に係る議案の送付を受けたときは，速やかに，総務大臣を経由して，当該国民投票の期日を中央選挙管理会に通知しなければならない．
3　中央選挙管理会は，前項の通知があったときは，速やかに，国民投票の期日を官報で告示しなければならない．

第3条(**投票権**)　日本国民で年齢満18年以上の者は，国民投票の投票権を有する．

〔第4条～第7条　省略〕

第8条(**国民投票の執行に関する事務の管理**)　国民投票の執行に関する事務は，この法律に特別の定めがある場合を除くほか，中央選挙管理会が管理する．
2　公職選挙法第5条の3から第5条の5までの規定は，国民投票の執行に関する事務について準用する．

〔第9条～第10条　省略〕

第2節　国民投票広報協議会及び国民投票に関する周知

第11条(**協議会**)　国民投票広報協議会(以下この節において「協議会」という．)については，国会法に定めるもののほか，この節の定めるところによる．

第12条(**協議会の組織**)　協議会の委員(以下この節において「委員」という．)は，協議会が存続する間，その任にあるものとする．
2　委員の員数は，憲法改正の発議がされた際衆議院議員であった者及び当該発議がされた際参議院議員であった者各10人とし，その予備員の員数は，当該発議がされた際衆議院議員であった者及び当該発議がされた際参議院議員であった者各10人とする．
3　委員は，各議院における各会派の所属議員数の比率により，各会派に割り当て選任する．ただし，各会派の所属議員数の比率により各会派に割り当て選任した場合には憲法改正の発議に係る議決において反対の表決を行った議員の所属する会派から委員が選任されないこととなるときは，各議院において，当該会派にも委員を割り当て選任するようできる限り配慮するものとする．
4　前項の規定は，予備員の選任について準用する．
5　委員に事故のある場合又は委員が欠けた場合は，憲法改正の発議がされた際にその者の属していた議院の議員であった予備員のうちから協議会の会長が指名する者が，その委員の職務を行う．

第13条(**会長の権限**)　協議会の会長は，協議会の議事を整理し，秩序を保持し，協議

会を代表する.

第14条(**協議会の事務**)　協議会は，次に掲げる事務を行う.
① 国会の発議に係る日本国憲法の改正案(以下「憲法改正案」という.)及びその要旨並びに憲法改正案に係る新旧対照表その他参考となるべき事項に関する分かりやすい説明並びに憲法改正案を発議するに当たって出された賛成意見及び反対意見を掲載した国民投票公報の原稿の作成
② 第65条の憲法改正案の要旨の作成
③ 第106条及び第107条の規定によりその権限に属する事務
④ 前3号に掲げるもののほか憲法改正案の広報に関する事務

2　協議会が，前項第1号，第2号及び第4号の事務を行うに当たっては，憲法改正案及びその要旨並びに憲法改正案に係る新旧対照表その他参考となるべき事項に関する分かりやすい説明に関する記載等については客観的かつ中立的に行うとともに，憲法改正案に対する賛成意見及び反対意見の記載等については公正かつ平等に扱うものとする.

第15条(**協議会の議事**)　協議会は，憲法改正の発議がされた際衆議院議員であった委員及び当該発議がされた際参議院議員であった委員がそれぞれ7人以上出席しなければ，議事を開き議決することができない.

2　協議会の議事は，出席委員の3分の2以上の多数で決する.

〔第16条　省略〕

第17条(**両院議長協議決定への委任**)　この節に定めるもののほか，協議会に関する事項は，両議院の議長が協議して定める.

第18条(**国民投票公報の印刷及び配布**)　協議会は，第14条第1項第1号の国民投票公報の原稿を作成したときは，これを国民投票の期日前30日までに中央選挙管理会に送付しなければならない.

2　中央選挙管理会は，前項の国民投票公報の原稿の送付があったときは，速やかに，その写しを都道府県の選挙管理委員会に送付しなければならない.

3　都道府県の選挙管理委員会は，前項の国民投票公報の原稿の写しの送付があったときは，速やかに，国民投票公報を印刷しなければならない．この場合においては，当該写しを原文のまま印刷しなければならない.

4　公職選挙法第170条第1項本文及び第2項の規定は，国民投票公報の配布について準用する．この場合において，同条第1項中「当該選挙に用うべき選挙人名簿」とあるのは「投票人名簿」と，「選挙の期日前2日」とあるのは「国民投票の期日前10日」と，同条第2項中「選挙人」とあるのは「投票人」と読み替えるものとする.

第 19 条(**国民投票の方法等に関する周知等**)　総務大臣，中央選挙管理会，都道府県の選挙管理委員会及び市町村の選挙管理委員会は，国民投票に際し，国民投票の方法，この法律に規定する規制その他国民投票の手続に関し必要と認める事項を投票人に周知させなければならない．

2　中央選挙管理会は，国民投票の結果を国民に対して速やかに知らせるように努めなければならない．

3　投票人に対しては，特別の事情がない限り，国民投票の当日，その投票権を行使するために必要な時間を与えるよう措置されなければならない．

〔第 3 節～第 6 節　省略〕

第 7 節　国民投票運動

第 100 条(**適用上の注意**)　この節及び次節の規定の適用に当たっては，表現の自由，学問の自由及び政治活動の自由その他の日本国憲法の保障する国民の自由と権利を不当に侵害しないように留意しなければならない．

第 100 条の 2(**公務員の政治的行為の制限に関する特例**)　公務員(日本銀行の役員(日本銀行法(平成 9 年法律第 89 号)第 26 条第 1 項に規定する役員をいう．)を含み，第 102 条各号に掲げる者を除く．以下この条において同じ．)は，公務員の政治的目的をもって行われる政治的行為又は積極的な政治運動若しくは政治活動その他の行為(以下この条において単に「政治的行為」という．)を禁止する他の法令の規定(以下この条において「政治的行為禁止規定」という．)にかかわらず，国会が憲法改正を発議した日から国民投票の期日までの間，国民投票運動(憲法改正案に対し賛成又は反対の投票をし又はしないよう勧誘する行為をいう．以下同じ．)及び憲法改正に関する意見の表明をすることができる．ただし，政治的行為禁止規定により禁止されている他の政治的行為を伴う場合は，この限りでない．

〔第 101 条　省略〕

第 102 条(**特定公務員の国民投票運動の禁止**)　次に掲げる者は，在職中，国民投票運動をすることができない．

① 中央選挙管理会の委員及び中央選挙管理会の庶務に従事する総務省の職員並びに選挙管理委員会の委員及び職員
② 国民投票広報協議会事務局の職員
③ 裁判官
④ 検察官
⑤ 国家公安委員会又は都道府県公安委員会若しくは方面公安委員会の委員

⑥ 警察官

第103条(**公務員等及び教育者の地位利用による国民投票運動の禁止**) 国若しくは地方公共団体の公務員若しくは行政執行法人(独立行政法人通則法(平成11年法律第103号)第2条第4項に規定する行政執行法人をいう．第111条において同じ.)若しくは特定地方独立行政法人(地方独立行政法人法(平成15年法律第118号)第2条第2項に規定する特定地方独立行政法人をいう．第111条において同じ.)の役員若しくは職員又は公職選挙法第136条の2第1項第2号に規定する公庫の役職員は，その地位にあるために特に国民投票運動を効果的に行い得る影響力又は便益を利用して，国民投票運動をすることができない.

2　教育者(学校教育法(昭和22年法律第26号)に規定する学校及び就学前の子どもに関する教育，保育等の総合的な提供の推進に関する法律(平成18年法律第77号)に規定する幼保連携型認定こども園の長及び教員をいう.)は，学校の児童，生徒及び学生に対する教育上の地位にあるために特に国民投票運動を効果的に行い得る影響力又は便益を利用して，国民投票運動をすることができない.

第104条(**国民投票に関する放送についての留意**) 放送事業者(放送法(昭和25年法律第132号)第2条第26号に規定する放送事業者をいい，日本放送協会及び放送大学学園(放送大学学園法(平成14年法律第156号)第3条に規定する放送大学学園をいう．第106条第1項において同じ.)を除く．次条において同じ.)は，国民投票に関する放送については，放送法第4条第1項の規定の趣旨に留意するものとする.

第105条(**投票日前の国民投票運動のための広告放送の制限**) 何人も，国民投票の期日前14日に当たる日から国民投票の期日までの間においては，次条の規定による場合を除くほか，放送事業者の放送設備を使用して，国民投票運動のための広告放送をし，又はさせることができない.

第106条(**国民投票広報協議会及び政党等による放送**) 国民投票広報協議会は，両議院の議長が協議して定めるところにより，日本放送協会及び基幹放送事業者(放送法第2条第23号に規定する基幹放送事業者をいい，日本放送協会及び放送大学学園を除く．第4項及び第8項において同じ.)のラジオ放送又はテレビジョン放送(同条第16号に規定する中波放送又は同条第18号に規定するテレビジョン放送をいう.)の放送設備により，憲法改正案の広報のための放送をするものとする.

2　前項の放送は，国民投票広報協議会が行う憲法改正案及びその要旨その他参考となるべき事項の広報並びに憲法改正案に対する賛成の政党等(1人以上の衆議院議員又は参議院議員が所属する政党その他の政治団体であって両議院の議長が協議して定めると

ころにより国民投票広報協議会に届け出たものをいう．以下この条及び次条において同じ.）及び反対の政党等が行う意見の広告からなるものとする．
3　第１項の放送において，国民投票広報協議会は，憲法改正案及びその要旨その他参考となるべき事項の広報を客観的かつ中立的に行うものとする．
4　第１項の放送において，政党等は，両議院の議長が協議して定めるところにより，憲法改正案に対する賛成又は反対の意見を無料で放送することができる．この場合において，日本放送協会及び基幹放送事業者は，政党等が録音し，又は録画した意見をそのまま放送しなければならない．
5　政党等は，両議院の議長が協議して定めるところにより，両議院の議長が協議して定める額の範囲内で，前項の意見の放送のための録音又は録画を無料ですることができる．
6　第１項の放送に関しては，憲法改正案に対する賛成の政党等及び反対の政党等の双方に対して同一の時間数及び同等の時間帯を与える等同等の利便を提供しなければならない．
7　第１項の放送において意見の放送をすることができる政党等は，両議院の議長が協議して定めるところにより，当該放送の一部を，その指名する団体に行わせることができる．
8　第１項の放送の回数及び日時は，国民投票広報協議会が日本放送協会及び当該放送を行う基幹放送事業者と協議の上，定める．

第 107 条（**国民投票広報協議会及び政党等による新聞広告**）　国民投票広報協議会は，両議院の議長が協議して定めるところにより，新聞に，憲法改正案の広報のための広告をするものとする．
2　前項の広告は，国民投票広報協議会が行う憲法改正案及びその要旨その他参考となるべき事項の広報並びに憲法改正案に対する賛成の政党等及び反対の政党等が行う意見の広告からなるものとする．
3　第１項の広告において，国民投票広報協議会は，憲法改正案及びその要旨その他参考となるべき事項の広報を客観的かつ中立的に行うものとする．
4　第１項の広告において，政党等は，両議院の議長が協議して定めるところにより，無料で，憲法改正案に対する賛成又は反対の意見の広告をすることができる．
5　第１項の広告に関しては，憲法改正案に対する賛成の政党等及び反対の政党等の双方に対して同一の寸法及び回数を与える等同等の利便を提供しなければならない．
6　第１項の広告において意見の広告をすることができる政党等は，両議院の議長が協議して定めるところにより，当該広告の一部を，その指名する団体に行わせることができる．

第108条(**公職選挙法による政治活動の規制との調整**)　公職選挙法第201条の5から第201条の9までの規定は，これらの条に掲げる選挙が行われる場合において，政党その他の政治活動を行う団体が，国民投票運動を行うことを妨げるものではない．

〔第8節　省略〕

第3章　国民投票の効果

第126条　国民投票において，憲法改正案に対する賛成の投票の数が第98条第2項に規定する投票総数の2分の1を超えた場合は，当該憲法改正について日本国憲法第96条第1項の国民の承認があったものとする．

2　内閣総理大臣は，第98条第2項の規定により，憲法改正案に対する賛成の投票の数が同項に規定する投票総数の2分の1を超える旨の通知を受けたときは，直ちに当該憲法改正の公布のための手続を執らなければならない．

〔第4章　省略〕

第5章　補則

第136条(**費用の国庫負担**)　国民投票に関する次に掲げる費用その他の国民投票に関する一切の費用は，国庫の負担とする．

① 投票人名簿及び在外投票人名簿の調製に要する費用(投票人名簿及び在外投票人名簿を調製するために必要な情報システムの構築及び維持管理に要する費用を含む．)
② 投票所及び期日前投票所に要する費用
③ 開票所に要する費用
④ 国民投票分会及び国民投票会に要する費用
⑤ 投票所等における憲法改正案等の掲示に要する費用
⑥ 憲法改正案の広報に要する費用
⑦ 国民投票公報の印刷及び配布に要する費用
⑧ 国民投票の方法に関する周知に要する費用
⑨ 第106条及び第107条の規定による放送及び新聞広告に要する費用
⑩ 不在者投票に要する費用
⑪ 在外投票に要する費用

第137条(**国の支出金の算定の基礎等**)　前条の負担に係る地方公共団体に対する支出金

の額は，国民投票事務の円滑な執行を確保するため，地方公共団体が当該事務を行うために必要でかつ充分な金額を基礎として，これを算定しなければならない．

2　前項の支出金は，その支出金を財源とする経費の支出時期に遅れないように，これを支出しなければならない．

〔第 138 条以下，省略〕

参考１　衆参憲法審査会長宛要望書　2017年7月10日提出

２０１７年　７月１０日

衆議院憲法審査会長　森　　英介　殿
参議院憲法審査会長　柳本　卓治　殿

国民投票のルール改善を考え求める会

要　望　書

私たち「国民投票のルール改善を考え求める会」は２０１６年１０月、ジャーナリスト、放送・広告業界関係者、研究者を中心メンバーとして発足いたしました。国民投票法（日本国憲法の改正手続に関する法律）がことし５月１８日、「制定・公布１０年」の節目を迎えたことを契機に、具体的な憲法改正論議とは一線を画しつつ、ゼロベースから再度、あるべき公正、中立なルールを追求していくことが当会の基本姿勢です。

当会はこれまで計４回、総じて１０時間を超える議論を重ねてまいりました。そして本日、これまでの議論を踏まえ、下記の要望を取りまとめるに至りました。

貴職におかれましては、公務ご多忙の折とは存じますが、ご高覧の上、お取り計らい下さいますよう、何卒よろしくお願い申し上げます。

記

（国民投票運動費用規制に関する法改正）
一．国民投票運動（国民投票法第１００条の２）のための費用に関して、同法を改正し、一定額以上の支出を行う者の登録、登録をした運動者である旨を表示する義務、収入および支出の報告等に関する規定を設けること。
（放送事業者等による自主的な検討の進捗確認）
二．国会が発議した憲法改正案に関する広告放送の条件、新聞広告の掲載条件は、事業者（および広告主との関係）において自主的に定められるものであるところ、憲法改正案に対する賛否で当該条件に不平等が生じることがないよう、各議院の憲法審査会において、一般社団法人日本民間放送連盟、一般社団法人日本新聞協会に対して、各々の検討状況を確認すること。

1

一．について

国民投票法の立法理念として「国民投票運動の原則自由」を挙げることができます。国会が発議した憲法改正案を承認するか否か、国民がこの国の主権者として直接、最終的な決定を行うという国民投票制度の本質、その重要性に鑑み、国民投票法は、国民投票運動の自由を可及的に保障し、国民相互の自由闊達な議論を促すべく、国民投票運動の主体、行為態様に関する規制を最小限定めるにとどめています（第２章第７節、第８節）。とくに、国民投票運動のための費用の支出に関しては、①組織的多数人買収罪等（第１０９条）が直接的に、②国民投票運動のための広告放送の制限（第１０５条）が間接的に、それぞれ規制するにとどまり、これらの規定に反しない限り、国民投票運動の主体の如何を問わず、その上限、使途等、何ら法律上の制約もなく、支出をすることが可能です。

しかし、国民投票運動において、費用の支出が自由、多額に行われれば行われるほど（違法とはいえないものの、社会通念を超える程度の額で支出されるほど）、多くの投票人がその影響を受け、投票意思が歪められ、ひいては国民投票の公正を歪めることが懸念されます。原資が出所不明であれば、負の影響はより大きくなるでしょう。とりわけ国民投票は事後、様々な疑義が生じたとしても、同一の案件に係る再度の執行が事実上不可能です。

したがって、国民投票の公正を維持するべく、万が一の予防措置として、国民投票運動のための費用の支出に関する通則規定を置くことが、必要かつ妥当といえます。

当会は、イギリスの国民投票法制をもとに、次のとおり、国民投票運動費用規制を新設する国民投票法改正案の概要（骨子）をまとめました。ご参考いただければ幸いです。

国民投票運動費用規制を新設する国民投票法改正案の概要（骨子）

（国民投票運動を行う者の登録等）
1　何人も、一の憲法改正案に対する国民投票運動のために１００万円を超える支出を行おうとする場合には、その旨、遅滞なく、中央選挙管理会に対し、登録をしなければならないこと。
2　1の登録は、憲法改正案ごとに行わなければならないこと。
3　1の登録は、投票期日１４日前から投票期日までの間、することができないこと。
（氏名等の表示義務）
4　1の登録をした者（以下「登録運動者」という。）は、国民投票運動のために用いられる文書図画（チラシ、ステッカー、ポスター、看板、のぼり、ＣＭ、ウェブサイト、動画など）に、その氏名等を表示しなければならないこと。
（外国人等からの寄付の禁止等）
5　外国人、外国法人等は、国民投票運動に関し、寄附をしてはならないこと。
6　何人も、国民投票運動に関し、外国人、外国法人等から寄附を受けてはならないこと。
7　何人も、国民投票運動に関し、外国人、外国法人等に対し、寄附を勧誘し、又は要求

2

してはならないこと。
（国民投票運動のための支出の上限）
8　何人も、一の憲法改正案に対する国民投票運動のために、５億円を超える支出をしてはならないこと。
（収支報告義務）
9　登録運動者は、国民投票期日の後、中央選挙管理会に対し、憲法改正案ごとに収入及び支出の報告をしなければならないこと。
・１００万円超　～　１億円　国民投票の期日の翌日から３か月以内
・　１億円超　～　５億円　〃　６か月以内
１０　中央選挙管理会は、９の報告の内容を、公表しなければならないこと。
（罰則）
１１　登録義務違反、表示義務違反、上限額の超過、収支報告の虚偽記載等に対する罰則を定めること。
（政令等への委任）
１２　その他、必要な事項の定めは政令、総務省令に委ねること。
（施行期日）
１３　公布の日とすること。

二．について

国民投票法制上の論点に関しては、衆議院日本国憲法に関する調査特別委員会において、各党間の合意形成が鋭意、進められてきました（２００５～０７年）。

この点、放送事業者、新聞社が、国会が発議した憲法改正案に関する広告放送を行い、あるいは掲載する場合、その料金等の条件について、賛成の広告、反対の広告のいずれも「同等」となるよう配慮しなければならない旨の規定を置くことが、与党（自民党）側で一時期、検討の俎上に載ったことがあります。

言うまでもなく、賛成の広告、反対の広告において、その料金等の条件に「不平等」があれば（たとえば賛成の広告が、反対の広告よりも低額に設定される、反対の広告よりも高視聴率時間帯に放送されるなど）、その分、放送事業者、新聞社が有する宣伝力が歪んで行使されることに他ならず、国民投票の公正を害する結果を招きます。単に、広告主と放送事業者、新聞社との間の商取引レベルの問題に収まらず、国民主権主義、民主主義という憲法上の根本原則を動揺させかねず、立憲国家として深刻な問題を抱える事態を招くのです。

現在、料金等の条件設定は、国民投票法の枠外にあり、放送事業者、新聞社が任意に行うことになっております。言わば、国会が事業者側に信頼を置きつつ、その自主的な取組みに委ねている状況が続いているのです。

しかし、国民投票法の制定・公布から１０年が経ちましたが、事業者団体である一般社団法人日本民間放送連盟、一般社団法人日本新聞協会において、料金等の条件設定について討議を重ね、その「平等」の確保に関する決定方針等を、国民に広く公表した事実がみられません。とりわけ日本民間放送連盟は、国民投票法が成立した日（２００７年５月１４日）、「意見広告の取り扱いについては、放送事業者の自主・自律による取り組みに委ねられるべき」との会長コメントを発出していたにもかかわらず、この１０年間、何も議論しないという消極的自主・自律を守ってきたに過ぎません。

現状のままでは、賛成広告・反対広告の料金等の条件が「平等」であるか否か、国民が確認し、検証することすら覚束ない状態で、本番の国民投票を迎えることになりかねません。このことは単に、広告主と放送事業者、新聞社との商取引レベルの問題に収まらず、国民主権主義、民主主義という憲法上の根本原則を動揺させかねず、立憲国家として深刻な問題を抱える事態を招きます。

そこで、憲法審査会においては、両団体を参考人として招致し、質疑等を通じ、料金等の条件の「平等」を確保する方策を講じていただくことが肝要、不可欠と考えます。

以上

参考2　日本民間放送連盟宛要望書　2017年7月10日提出

２０１７年　７月１０日

一般社団法人　日本民間放送連盟
会　長　　井上　弘　様

国民投票のルール改善を考え求める会

要　望　書

私たち「国民投票のルール改善を考え求める会」は２０１６年１０月、ジャーナリスト、放送・広告業界関係者、研究者を中心メンバーとして発足いたしました。国民投票法（日本国憲法の改正手続に関する法律）がことし５月１８日、「制定・公布１０年」の節目を迎えたことを契機に、具体的な憲法改正論議とは一線を画しつつ、ゼロベースから再度、あるべき公正、中立なルールを追求していくことが当会の基本姿勢です。

当会はこれまで計４回、総じて１０時間を超える議論を重ねてまいりました。そして本日、これまでの議論を踏まえ、貴連盟に対し、下記の要望を取りまとめるに至りました。

貴連盟におかれましては、当会の要望に関して、遅滞なくご検討をいただきますよう、よろしくお願い申し上げます。

記

（要望）国会が発議した憲法改正案に関する広告放送（①賛成投票、反対投票を勧誘する表現を含むもの、②賛成、反対の意見表明にとどまるもの、のいずれの形態を含む。）の料金等の条件について、憲法改正案に対する賛成、反対の立場で不平等が生じることがないよう、公平なルールづくりを行うこと。

国民投票法制上の論点に関しては、衆議院日本国憲法に関する調査特別委員会において、各党間の合意形成が鋭意、進められてきました（２００５～０７年）。この合意形成の過程では、国会が憲法改正を発議した日から投票期日までの間（国民投票運動期間）におけるメディア規制のあり方に関しても、とくに広告放送に係る論点を中心に、議論が交わされました。

この点、当時を振り返ってみると、放送事業者が、国会が発議した憲法改正案に関する広告放送を行う場合、その料金等の条件について、「賛成」「反対」のいずれも「同等」となるよう配慮しなければならない旨の明文規定を置くべきとする議論（配慮規定の明文化

案）が、与党内で一時期、検討されたことがあります。もっとも、この配慮規定の明文化案は、国会、政府が放送事業者に対する介入を根拠づけるおそれがあること等を理由に見送られ、その趣旨は、あくまで放送事業者の自主的取組みに委ねることとされました。

言うまでもなく、賛成の広告、反対の広告において、その料金等の条件に「不平等」があれば（たとえば賛成の広告が、反対の広告よりも低額に設定される、反対の広告よりも高視聴率時間帯に放送されるなど）、その分、放送事業者が有する宣伝力が歪んで行使されることに他ならず、国民投票の公正を害する重大な結果を招きます。単に、広告主と放送事業者との間の商取引レベルの問題に収まらず、国民主権主義、民主主義という憲法上の根本原則を動揺させかねず、立憲国家として深刻な問題を抱える事態を招くのです。

国民投票法の制定・公布から１０年が経ちましたが、残念なことに、貴連盟におきましては、料金等の条件の平等を担保する件に関し、必要な議論を重ねておられません。思えば１０年前、国民投票法が成立した日（２００７年５月１４日）、貴連盟は「意見広告の取り扱いについては、放送事業者の自主・自律による取り組みに委ねられるべき」との会長コメントを発出しておられました。しかし、この１０年間、何も議論しないという消極的意味での自主・自律が守られてきたに過ぎないのではないでしょうか。

安倍晋三自由民主党総裁が「２０２０年憲法改正施行」を公言している状況の下、２０１９年中に憲法改正国民投票を執行しようとする政治的スケジュールも、徐々に具体化（既定路線化）されつつあります。憲法改正案に関する広告放送の料金等の条件は、平等に設定されるのか否かという問題は、憲法改正案に対する表決態度とは別の次元で、すべての有権者にとって重大な関心事であり、日程的には急務の検討課題です。

したがって、当会は、貴連盟が前記の要望内容に対し、迅速、誠実にご対応いただくことを強く望みます。

以上